Manual Game Maker Studio
Módulo I

Manual Game Maker Studio
Módulo I

Delfin Gomes

Edições Delfin

Distribuição Delfin
2014

Primeira Impressão: 2014

ISBN 978-1-291-82411-7

https://www.facebook.com/livrariaDelfin

Informações para pedidos:
Descontos especiais estão disponíveis em compras de quantidade por corporações, associações, educadores e outros. Para mais detalhes, entre em contato com a distribuidora, no endereço abaixo listados.
http://www.lulu.com/spotlight/carlosgomes
ou:
http://gomeslancha.bubok.pt
ou
Enviar e-mail gomeslancha@gmail.com

Facebook: https://www.facebook.com/livrariaDelfin

Dedicatória

Gostava de dedicar este livro, a todos aqueles que me incentivaram para o fazer, à paciência da minha familia e a todos aqueles que me ainda irão ajudar a escrever os outros livros da colecção.
Desde já os meus mais sinceros agradecimentos a todos.

Índice

Prefácio do Autor

Este livro faz parte dum conjunto ou coleção de manuais do "Game Maker Studio" que resolvi criar, uma vez que não encontrei nada escrito em Português, que nos pudesse ajudar.

Por isso fiz algumas pesquisas, verifiquei alguns dados, relembrei outros e achei por bem, escrever estes manuais.

O Primeiro que é este é como construir um jogo tipo "blackaut", um jogo antigo, mas que podemos sempre tornar mais apelativo com novas ideias e novos gráficos.

Estou certo de que vão gostar e sobre tudo se vão divertir imenso a construir os vossos próprios jogos.

O Grau de dificuldade vai aumentando conforme vão saindo os respetivos Manuais.

Qualquer erro ou omissão que encontre, agradecia que me comunicasse para o mesmo ser corrigido, assim como ideias, sugestões, etc. que tenham. Se por qualquer motivo, haja necessidade de corrigir algum erro importante, eu enviarei um livro com as devidas correções para todos aqueles que tenham adquirido este livro, e que me tenham dado conhecimento claro.

Para isso, basta enviarem um mail para:
gomeslancha@gmail.com, com a prova de compra do livro.

As imagens de Apoio para os jogos apresentados, bem como para outros, pode encontrar em https://www.facebook.com/livrariaDelfin.

Introdução

Como Fazer para adquirir a "Plataforma de Criação de Jogos":

Este "Game Maker Studio" é o gratuito, por isso trás algumas limitações como por exemplo, só podermos fazer o jogo com 2 ou 3 níveis diferentes, mas já dá para perceber como se faz um jogo, se adquirir a versão paga, então, já poderá ir aumentando as opções de jogabilidade.
Eu aconselho esta versão, porquê? Bem se realmente conseguir fazer o jogo funcionar e fazer com que ele seja atrativo, avança para a segunda fase, senão, parte para outra.

Para ter mais aconselhamentos, apoios, puder trabalhar com grupos de pessoas se gostar, poder vender seu jogo mais tarde, poder trabalhar com equipas para criação de jogos etc., eu aconselho criar uma "steam" em:
Http://www.steampowered.com.
Pois será mais fácil de fazer os upgrades, conhecer outros jogos e uma infinidade de coisas uteis, que com o tempo vai me dar razão.
Caso entenda Inglês, pode fazer o Dowload diretamente da Yoyo games: http://www.yoyogames.com/studio/buy

Todo o manual está escrito numa linguagem simples, como se estivesse a executar passo a passo, e há medida que vamos avançando eu vou deixando de ir tanto ao pormenor para que possam explorar melhor a plataforma de criação de jogos.
O Objetivo é aprender fazendo. Compreender a plataforma em vez de decorar as instruções, porque senão, não vão conseguir desenvolver por si mesmo nenhum jogo, pois tem que estruturar bem o jogo e desenvolver o mesmo. Faço votos que se divirta muito.

Lição 1: Eventos e Ações

Primeiros passos Interface:

Apesar de termos muitas formas de fazer objetos, botões, etc., vamos numa primeira fase, trabalhar com desenhos feitos por nós no "CD" de apoio, feito por vós ou sacados na Internet.

Depois, explicarei como fazer os próprios botões e outros objetos necessários para o jogo, na plataforma do próprio jogo.

Vamos começar então a mexer um pouco.

Nós temos alguns arquivos no "CD" que nos vão ajudar ao longo do jogo. Arquivos de som e de Imagem.

Como o Manual é do GMS gratuito, e tem algumas limitações, sendo uma delas a limitação de criação de muitas "salas de Jogo", pois só nos autoriza 5 salas e outra de Objetos que só nos deixa construir 15, por isso vamos fazer um jogo muito simples para começar.

Vamos então começar o nosso Jogo.

Primeiro vamos abrir o GMS, e indicar onde queremos que o nosso jogo fique gravado.

Aparece uma janela com "Play" e outra com "Make", clique na segunda. Em "Make".

Depois de Abrir, clique em "New", na caixa de texto de cima, indique a pasta onde quer gravar o seu projeto e de um nome.

Na caixa de texto de baixo escreva "Modolo1". E Vamos Iniciar no botão "Create".

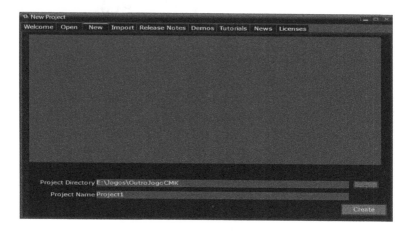

Vai abrir o nosso Interface de trabalho.

À medida que vamos trabalhando eu vou explicando o Menu, que é parecido com muitos programas de desenho, texto, etc. por isso não me parece ser muito complicado (Também pode ver no "Glossário").

O Primeiro passo seria pensar no Jogo que vamos fazer, quantos níveis, desenhos, ou seja estruturar nosso jogo que eu já o fiz e depois podem ver em anexo. E como eu já o estruturei, vamos por as mãos à obra.

Vamos fazer uma tela de teste, onde vamos testar o nosso jogo para se tudo der certo nós podermos avançar e concluir cada passo. Para isso vamos criar um "Sprite", como se faz isso? Temos três formas:

- Clicar na pasta "Sprites" com o botão do lado direito do rato e aparece uma opção "criate sprite".

- Clicar no ícone duma circunferência cortada, como aquele bonequinho que come peças tipo 6/5 duma maçã

- Ir ao Menu "Resources" e clicar na opção "Create Sprites" (em frente vai ver o ícone que falei em cima).

Vai aparecer uma janela de trabalho.
Vamos dar o nome de "Spr_Palheta", *Spr* que indica que é um *sprite* palheta, é bom começarmos com estes pormenores, e porquê? É que quando começarmos a trabalhar com algo mais complicado, já estamos habituados a trabalhar organizadamente.
Cliquemos agora em *Load Sprite* e vamos buscar o desenho que esta na pasta Sprites/Bouncing Balls e escolhemos o ficheiro de imagem "bat_small".
Clicamos em Ok

Depois vamos criar um objeto. O que 'e um Objeto? É tudo aquilo que vamos usar no nosso jogo e que pode interferir com pontuações, direções, sei lá, como por exemplo bolas, tacos, pessoas, muros para derrubar, etc.
As opções são idênticas a criar *sprite*, só que vamos criar agora um objeto.
Clicar no ícone circunferência fechada e verde, ou num dos comandos para criar objetos e vamos dar o nome "obj_Palheta" (obj) de Objeto.
Na caixa onde diz *sprites*, clicamos no desenho duma folha que esta ao lado da caixa de texto onde diz "<no sprite>" e ao clicar, vai aparecer todos os *sprites* que nós já criamos, neste caso só um.
Clicamos em Ok e já temos o nosso objeto. Aqui neste ambiente de trabalho é que vamos dar as indicações sobre o que cada objeto vai fazer, mas por agora, fica assim.
Vamos agora criar a nossa primeira tela, ou fundo, onde o jogo se vai realizar.
Vamos criar um room, clicando em rooms, aparece uma janela onde vamos colocar o nome de teste.
Janela essa que nos diz que o fundo tem 640 x 480, vamos deixar como está.

Nessa caixa de trabalho tem um separador *Objects* e vamos clicar aí, para inserir o nosso objeto.

Aparece do lado esquerdo uma caixa cinzenta e por baixo "Object to add with Mouse" e vamos adicionar o nosso objeto, clicando na folhinha onde vão aparecer todos os objetos que nós já inserimos (neste caso só 1 o nosso "Obj_palheta).

Na Janela maior, vai aparecer uma zona a cinzento que é a nossa Tela ou sala de jogo. Aquele xadrez, é espaço vazio, onde não tem lá nada.

Por cima da zona cinzenta, tem uma grade, que serve para nos ajudar a colocar o objeto onde queremos, grade essa que podemos aumentar ou diminuir conforme a necessidade da perfeição do nosso objeto.

Vem como defeito 32 x 32, que aparece em cima numas caixas de texto, facilmente identificáveis, mas que por agora vamos deixar estar assim.

Tendo o nosso objeto selecionado ao clicar na sala de jogo, o objeto aparece agarrado ao rato, e nós podemos colocar onde quisermos, vamos deixar 2 quadradinhos em branco e tentar centralizar o mais possível na zona de baixo da nossa sala.

Não fica bem no centro pois não? Por agora vamos deixar assim.

Se houver necessidade de aumentar ou diminuir a nossa sala de jogo, temos as lupas que nos ajudam nessa tarefa.

Do lado esquerdo em baixo temos outra janela onde aparece um quadrado branco em cima dum retângulo cinza, que nos indica o que estamos a ver e em que zona da sala estamos, muito útil para salas grandes, ou quando estamos a trabalhar com o zoom, para termos a certeza da posição da sala que estamos a trabalhar.

Concluídas estas tarefas vamos clicar no visto a verde no canto superior esquerdo, e a sala desaparece.

Vamos gravar o nosso trabalho, na disckete de gravação, no menu File ou Ctrl+S.

Falta ver o que nós já fizemos e por o jogo a correr.

No menu inicial, tem um triângulo deitado (botão "Run the Game") a verde e vamos clicar nele.

Uma série de comandos começam a correr na janela de trabalho "compile", comandos esses que nos vão ajudar mais tarde a ver onde aparecem os erros do jogo.

Depois disso vai aparecer a nossa sala de jogo com o objeto que lá colocamos.

Fechamos essa janela e podemos ir explorando a nossa sala com os zoom e com a grade.

Lição 2: Colisões no Game Maker

Vamos Abrir o Nosso Editor de Jogos. Clicar em Make, selecionar "Mudulo1".
Na lição anterior, acabamos com a construção da palheta.

Antes de prosseguir, vamos criar um novo objeto, "obj_controlo". Como o nome indica, é com este objeto que nós vamos controlar o jogo. Ou seja inserir as bolas no jogo, controlar as pontuações, etc.
Vamos inserir esse "objeto controlo" na nossa *room*. Nós queremos que esse objeto não apareça na sala de jogo, por isso é sem *sprite* mesmo.
Podemos colocar em qualquer lugar. Para ser mais fácil para mais tarde, eu aconselho colocar em baixo, deixar 2 quadrados do lado esquerdo e colocar ele lá, no quadrado da linha mais a baixo.
Como podemos ver, ele aparece com um ponto de interrogação, e na nossa árvore, com um quadrado em branco, o que quer dizer que não tem imagem.
Vamos clicar no visto verde, vamos "Confirmar".

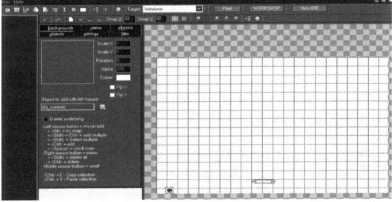

Vamos dar a primeira instrução para o controlo. Vamos clicar duas vezes no objeto palheta e vamos adicionar o evento clicar com a seta lado direito para se deslocar para a direita e seta do lado esquerdo para se deslocar para a esquerda.

Então vamos a "add events" e selecionamos "keyboard" (teclado) -> "right". Vamos agora adicionar a ação pretendida, ou seja vamos à guia move, escolhemos o comando "Jump to position" e arrastamos para o quadro das ações. Aparece-nos outro quadro. Vamos colocar 15 no X, que quer dizer ao clicarmos na tecla de direção da direita, a palheta vai-se deslocar a velocidade (15) para a direita. Prima ok.

Vamos fazer o mesmo para a esquerda, mas aí vamos dar o valor (-15), porque queremos que ela se desloque no sentido inverso.

Gravar o jogo.

Vamos por a correr o Jogo em "Run the Game"

Que se passou, muito simples "Jump to position" mandou a pa-

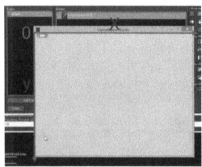

lheta saltar para a posição 15 no X, e O no Y. Aqui vai a posição dos eixos cartesianos no GMS

Como podem ver, o Y conta de cima para baixo e o 0 esta no canto superior direito.

Logo a nossa ação não é esta, vamos retificar.

Clicando duas vezes na ação vamos marcar a caixa "relative" nas duas ações. E porquê?

Nós assim estamos a dizer que a palheta se vai deslocar 15 pixéis de cada vez em relação ao ponto atual da mesma, ou seja se ela estiver na posição 100 a palheta vai se deslocar para a posição 115, depois 130 e por aí fora.

Vamos guardar o nosso trabalho e verificar agora.

Já se está a mexer como queremos.

Criamos mais um objeto que é a nossa bola. Create Object e vamos chamar "Obj_bola_vermelha", clicamos em baixo do local onde pomos o nome e aparece Sprite no *new* vai-nos aparecer a janela de criação de *sprite*, aí adicionamos o ficheiro "ball_red" e ficamos com o nosso objeto bola. Premimos OK e Ok.

Agora vamos inserir a nossa bola na *room*, mas não vamos inserir diretamente, vamos clicar no objeto controlo e vamos criar um evento no "obj_controlo" que é o "Create", ou seja "add Event" e selecionamos então "create". De seguida vamos adicionar a Acão que pretendemos, ou seja, na guia "men1" Vamos escolher "create moving" (lâmpada com a setinha em cima), e vamos arrastar para a ação.

Aparece então uma janela de trabalho mais pequena com algumas informações.

Este comando, como o nome indica, vai criar movimentos neste caso a bola no jogo. A ação vai indicar a instância dentro do nosso jogo, dada a um objeto, ou seja o que a bola vai fazer.

Como será que se procede:

- No "papel, vamos dizer que é a nossa bola, logo selecionamos o objeto bola clicando na folhinha.
- Nas posições vamos colocar 320 em X.
- E vamos colocar 384 em Y.
- A velocidade (speed), vai ser a velocidade do movimento. Vamos colocar 5 para a bola andar devagarinho por agora, depois vamos alterar a velocidade.
- A direção, vai ser a direção em graus, ou seja, a direção que o objeto se vai mexer depois de tocar noutro objeto. Vamos colocar 45.
- Não clicamos em "relative" porque queremos que as posições sejam globais e não em relação ao objeto controlo.
- Clicamos agora em ok
- E novamente em Ok
- Gravamos o jogo

Vamos dar um Run the Game e vamos ver se a nossa bola vai aparecer. Se não aparecer, tem que ver o que fez mal. ☺

E lá foi a bola desaparecendo do nosso ecrã de Jogo.

Como vêm, a bola não esta na room. É desta forma que se cria tiros, etc.

Vamos criar outro objeto parede.

Clicamos em criar Objeto, e damos o nome "obj_Parede", clicamos em "new sprite", alteramos o nome para "spr_parede" e vamos buscar ao nosso CD uma imagem parede com o seguinte caminho diretório "mase-Platforme" ficheiro "Wall_block".

E clica OK

Como podem ver aparece nos Sprites o "spr_parede".

Antes de voltar a clicar em OK, vamos selecionar a caixa "solid", porque o nosso objeto vai ser um sólido, e não se vai mexer, vai servir de parede mesmo. É sólido e indestrutível.

Clicamos Ok e vamos gravar.

É muito importante esta ação de gravar, pois quando o jogo estiver mais sério, e se não estivermos mecanizados, podemos perder horas de trabalho, e além disso, se formos gravando, o jogo não demora tanto a gravar como se nós gravássemos uma tarde inteira de trabalho.

Clicamos duas vezes no nosso teste e vãos colocar as paredes juntinho ao lado esquerdo, direito e em cima.

Se pressionar o shft+ctrl podemos inserir vários ao mesmo tempo.

A nossa sala vai ficar como na figura.

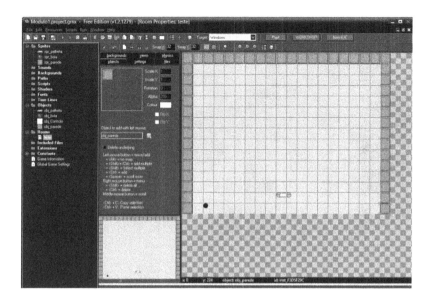

Vamos ver como esta a desenvolver o nosso jogo?
Gravar e Run the Gameer.

Então que tal, esta a ficar bonitinho hein?
Só que a nossa bola sumiu da nossa vista, então vamos daqui a nada, revolver esse problema.

Para isso vamos trabalhar com colisões. Se formos ao tutorial do jogo podemos ver uma imagem e a respetiva explicação, contudo eu vou explicar muito rapidamente o que é, tendo ajuda do desenho abaixo

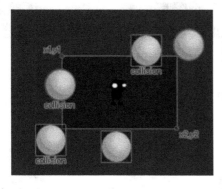 Como podemos ver, no GMS, a colisão dá-se quando há penetração no objeto do bonequinho, ou seja:

Só nas bolas onde diz "collision" é que de facto se dá a colisão.

Na bola a verde do lado direito, houve somente um encosto, e na bola mais a baixo, não ouve qualquer contato com o objeto boneco.

Ou seja, quando a máscara (linha vermelha) dum objeto entra na máscara do outro objeto.

Logo, temos que criar as nossas mascaras de colisão.

Muito simples:

- Selecionamos o sprite parede.
- Clicamos em "Modify Mask" e aparece nova janela.
- Vamos clicar no botão para ver melhor a máscara da parede. Nós vemos uma área mais escura, toda essa área representa a "máscara de colisão". Podemos alterar a forma em shape. Nós vamos utilizar o formato retângulo que é mais leve, mas podem experimentar os outros formatos. A precisão torna-se muito pesado para o jogo e dependendo do processador. Pode fazer com que de erro ao jogar, ou que encrave.
- Ok, Ok para fechar as nossas janelas e gravamos o jogo.

Agora vamos abrir a nossa bola em objetos.

Em "Add eventes", clicamos em "colision" e aparecem todos os objetos do jogo, vamos clicar em parede.

O que quer dizer? Se a Bola colidir com o objeto parede, ela vai ter uma ação, que vamos dizer qual é.

É a ação "Bounce" que está em "move" e depois no submenu "Jumpe" e o comando "bounce" e vamos arrastar para as ações.

Aparece mais um quadro, onde vamos dizer o que a bola vai fazer ao chocar.

Temos na primeira janela a opção precisa ou não precisa e vamos marcar não precisa.

Na segunda opção temos "againts", e vamos selecionar "solids", uma vez que a nossa parede é solida.

E confirmamos em Ok

Agora vamos ver o que acontece, depois de gravar o programa claro. Não esquecer.

A bola continuou a fugir? Que tal clicar em Ok na janela do objeto? ☺

Há pois é por baixo que ela foge? Bem, já vamos ver porquê.

Antes disso vamos fazer a mesma coisa com a nossa palheta. Só vamos trocar para todos os objetos em "against" porque a nossa palheta não é sólido.

Ok e vamos dar "Run the Game" (não relembro mais para gravar).

Nossa bolinha já esta a rolar batendo na palheta e saltando para cima outra vez. Lentinha, devagar devagarinho mas já vão perceber porquê.

Já dá para brincar, vamos fazer um joguinho?

Mas quem ganha? Com quantos pontos ficamos? Mau, ainda não dá para jogar.

Nesta lição aprendemos como se fazem as colisões no GMS, na próxima aprendemos mais coisas, para por o nosso jogo bonitinho, tal como os blocos para destruir, a pontuação, as vidas, etc..

Lição 3: Vida e Pontos no Jogo

Neste Momento, vamos começar a tratar do Jogo. Pois jogo sem pontuações e essas coisas não presta.

Vamos abrir o Game Maker Studio, e Abrir o Modulo1.

O que falta então no nosso jogo:
O Numero de vidas;
As pedrinhas para destruir;
A pontuação;

Nesta lição vamos tratar disso mesmo.

Comecemos com a vida que é muito simples. Vamos ao nosso objeto controlo, e vamos-lhe dar vida. Para isso clicamos duas vezes no controlo, e ainda no "create", vamos arrastar o comando "Set live" que esta no menu "scores" na zona do "lives" e é o primeiro coração.
Vai abrir uma nova janela, nessa janela pede o número de vidas que nós vamos dar. Podemos colocar 3 vidas.
Não vamos colocar relativo e porquê? Daqui a nada vão entender porquê.
Clica Ok, e Ok na outra janela.
Agora vamos abrir o nosso objeto bola. Vamos adicionar mais um evento. Evento "Other" -> "Outside room", ou seja, algo vai acontecer se a bola sair da nossa sala de jogo. O que será então? Logicamente o jogador vai perder uma vida e além disso, a bola tem que ser destruída, caso contrário ela anda por aí a passear algures e o jogo para aí mesmo.
Vamos criar a ação, destruir a bola, indo ao menu "main1" e arrastamos o ícone do "caixote do lixo", ou seja "destroy Instance".

Este comando ou ações, nós temos que fazer sempre que necessitamos que o objeto como a bola, tiros etc. desapareça, caso contrário não avança o jogo ou as pontuações não ficam corretas, como vamos experimentar mais tarde.

Falta-nos outra ação, que é a seguinte: sempre que a bola sair, a nossa vida vai diminuir 1 vez. Se nós tínhamos 3 passa então a duas. Muito simples vamos novamente a "score" -> "Set Lives" -1 e clicamos em "relative" porque senão o nosso jogador fica com 1 vida a negativo, E como não queremos isso, vamos dizer que as vidas apresentadas são relativas à vida que o jogador tem nesse momento.

Prima Ok e Ok.

Vamos verificar se a nossa bola esta a ser destruída e vamos clicar no "Run the Gameer vermelho" para termos mais informações.

O "Debug mode" vai nos dar mais informações de como esta a correr o jogo, tais como velocidade, o número de ações, etc. que depois podem explorar, em "inst", indica qual a quantidade de objetos ou instancias que nós temos no jogo, podem verificar que começa com 51 e termina no 50.

Se apagarmos a instrução de explodir, vão verificar que o número de instâncias se mantém no 51, experimentem então.

Verificaram? Voltem a colocar o camando para destruir a bola, não se esqueçam disso.

Como viram, é sempre importante destruir os objetos que estão fora da visão, por exemplo as balas depois de destruir as naves, etc. senão as balas vão passeando pelo computador, o jogo vai ficar lento, pois andam milhares de balas a passear no computador apesar de nós não as vermos, e não sabemos depois o que aconteceu. Note que é muito importante não esquecer, pois se depois quiser colocar o jogo no seu android, o caso ainda complica muito mais.

Vamos agora desenhar as vidas, isto é colocar a informação no nosso jogo para que o jogador saiba o que se está a passar.

Selecionamos novamente o nosso controlo e criamos mais um evento chamado "desenho" ou seja "Draw", tal como o nome indica, sempre que quisermos desenhar algo, é esse evento que nós temos que escolher.

Agora vamos dar uma ação para esse evento, vamos a "score", e arrastamos o comando "Draw Lines" (coração com um quadrado ou borda verde. Todos os ícones com uma borda verde é para se desenhar) e aí vamos desenhar as informações pretendidas.

Substituímos "lives" por "vidas:" para aparecer em português se assim o entendermos, e vamos dizer qual o local que pretendemos colocar a informação. Eu escolhi dentro de muros, logo na parte superior esquerda. Como sabemos que na horizontal temos os X e na vertical temos os Y vamos informar quais as coordenadas do nosso objeto. Contudo temos que ter em atenção que o jogo tem as coordenadas do Y diferentes do que habitualmente aparecem nos eixos cartesianos, e porquê? Porque aqui o ponto "0" (zero) começa no canto Esquerdo de cima e o Y conta positivo daí para baixo.

Uma vez que a nossa parede, tem 36 pixéis de largura, nós vamos colocar em 36 no X e 36 no Y. Não podemos colocar relativo, senão a nossa posição aparece em relação ao nosso objeto controlo, e não queremos isso, queremos que as coordenadas sejam reais.

Vamos ver agora o resultado e verificar onde esta o nosso desenho de vidas, a nossa informação, pressionando no "Run the Game".

Podem apagar novamente o comando ação que destrói a bola e vejam a diferença.

O que aconteceu com as vidas? Elas estão sempre a diminuir, pois como não foi destruída, enquanto a bola andar a passear ela vai contando o número de pixéis que ela vai passeando pois estando fora da sala de jogo ele conta -1 por cada pixel.

Reponha a ação destruir a bola, não se esqueça.

Vamos criar a nossa pedra que irá ser destruída ao longo do jogo.

Criar objeto "obj_Pedra_Vermelha", inserir novo sprite "spr_Pedra_Vermelha" que está no diretório: Sprites/Bouncing Balls/stones e vamos buscar o ficheiro "stone_normal_red" (depois podem escolher outra a gosto).

Agora vamos modificar a máscara e vamos deixar retângulo pois é mais leve para o computador.

Pressione Ok e Ok.

De seguida vamos dar o evento e a ação que queremos da pedra.

O evento é que quando a bola colidir com a pedra, aconteça algo, e lá vamos nós então acrescentar mais uma colisão.

No objeto pedra vermelha adicionamos o evento colisão, e vamos dar uma ação: o que pretendemos que quando a bola toque na pedra, ela se destrua, logo vamos adicionar a ação "Destroy Instance" já nossa conhecida, e Ok, a nossa pedra vai ser destruída quando a bola tocar nela.

E pressionamos OK.

Agora vamos á nossa bola, adicionamos mais um evento colisão desta vez com a pedra. Quando tocar na pedra, a bola vai ser lançada novamente no jogo, então vamos dizer que ela vai ter o evento "bounce" e aparece uma janela já nossa conhecida.

Em "againt" (novamente) vamos colocar "all object", porque a nossa bola não está como sólida.

Se quiser colocar a pedra como sólida, não vai ter problema, pois neste caso a pedra enquanto jogável ao contrário dos tiros, a pedra vai ser sólida mesmo. É ao gosto de cada um.

Premimos Ok, Ok.

Vamos colocar as nossas pedrinhas no jogo tal como fizemos com o muro.

Eu coloquei da seguinte forma. Deixei um quadrado em branco e coloquei 8 pedras na horizontal e 5 na vertical.

Premir visto para confirmar e vamos ver como ficou nosso jogo.

Executar o jogo em "Run the Game".

Tudo em ordem? Claro que não, ainda temos dois problemas. O que acontece quando o tijolo é destruído? E a palheta salta por cima dos muros? Vamos já resolver isso.

Vamos inserir a pontuação.

No objeto controlo vamos adicionar mais uma ação no "creat" que é o "set score", quadro não delineado com 3 bolinhas. E vai aparecer mais um menu. Aí colocamos a nossa pontuação inicial logo 0.

Abrimos a nossa pedra, e quando ela colidir com a bola, vai dar uma pontuação, então com a mesma ação anterior, isto é, o mesmo ícone "set score", vamos-lhe dizer agora que cada tijolo tem 10 pontos e selecionamos "relative", porquê, assim a pontuação aumenta em relação à que já existe. Se não o selecionamos, o jogador ficava sempre com a mesma pontuação. Se colocarmos algum tijolo ou pedra diferente e dermos outra pontuação, o jogador ficava com a pontuação da última pedra destruída. Com o "relatice" selecionado a pontuação vai aumentando.

Se quisermos colocar um objeto que não pode ser destruído senão o jogador perdia pontos, dávamos uma pontuação negativa e aí a pontuação ia diminuindo.

Ok e Ok

O que falta agora acrescentar? Claro que sim falta a pontuação, então vamos desenhar a pontuação da mesma forma que desenhamos as vidas. A única diferença é que agora vamos escolher o ícone "Draw Score" bolinha com o contorno a verde.

Escrevemos "pontuacao:" (podem experimentar se aceita o "~" e o "ç", nem todos aceitam.

Vamos colocar a pontuação em 36 em Y e 140X.

Vamos testar agora nosso jogo. A pontuação já está funcionando e as vidas também. O nosso jogo esta a ficar pronto, mas ainda faltam alguma coisas mesmo. O que será?

Quando perdemos uma vida ele não reinicia com a segunda, etc. então na próxima lição vamos acabar o Jogo.

Falta também um menu para o jogo.

Não esquecer de ir gravando o Jogo.

Lição 4: Acabar o Jogo

Para o jogo vamos dar as ordens que faltam.

Vamos então reabrir o nosso GMS.

Para já, quando as vidas chegam a 2, ele para, falta dar a instrução para continuar, e além disso falta ainda o menu.

Então vamos criar mais três salas. A primeira vamos dar o nome de "menu". Clicamos em confirmar e por enquanto deixamos assim.

Agora vamos criar a *room* "*game Over*" e confirmamos.
Vamos arrastar a nossa sala Menu para cima, premindo o botão esquerdo do rato em cima de teste e arrastando para cima.

A outra *room* vai chamar-se "*You_Win*". E confirmamos.

Então a primeira sala que vai executar é o menu que esta em primeiro na lista, depois o jogo teste, depois o jogo e acabou ou ganhou conforme o caso.

Vamos mudar a *room* teste para jogo.

Vamos criar um grupo dentro de *sprites* com o nome jogo, e depois outro dentro dos objetos. E vamos empurrar todos os *sprites* e todos os objetos para as pastas respetivas.

Como este jogo é pequeno, não tinha problema em deixar como está, mas imaginam que o jogo tinha vários níveis, então convém separar quais os objetos que pertencem a cada uma das etapas, aqueles que pertencem a todas, aqueles que pertencem ao menu, etc., senão para alterar ou corrigir alguma coisa, poderia ser muito complicado encontrar. Quem seguir depois criando jogos, vai dar razão ao que estou a dizer. Tenho a certeza.

Vamos criar outro grupo em objetos com nome de menu.
E vamos criar um objeto "Obj_Play", e um *srite* que está na pasta *"bottons"* e vamos escolher o "Play". Ok e Ok.
No menu *sprite*, vamos criar outro com menu e arrastamos esse *sprite* para lá.
Criamos outro objeto "obj_quit" com o respetivo *sprite*.

Agora em *"Backgrounds"*, vamos trocar a cor ou a imagem de fundo que nós pretendemos.
Nota: Podíamos criar um para o menu "back_Menu" e adicionar uma imagem do tamanho da sala menu.
Mas como nós vamos só trocar a cor, não necessitamos disso e então abrimos a nossa sala menu e vamos trocar então a cor no separador background, e funciona como qualquer programa de desenho, ou seja podemos escolher uma cor stander, ou uma cor na palete de cores. Vamos escolher um azul.

E vamos adicionar os nossos botões, para isso vamos ao menu *"objects"*, seleciomos o objeto "play" e vamos fazer o mesmo com "quit", como repararam aparece uma pasta de onde estão os objetos, para jogos grandes auxilia muito termos sempre todos os objetos arrumados na respetiva pasta.
E confirmamos.

Vamos agora abrir o objeto "Obj_Play" e dar a respetiva ação, que é mandar o jogador para a sala de jogo.
O Evento é premindo com o rato do lado esquerdo em "Pay" ele nos manda para o jogo.
Evento: -> Mouse -> Left botton

Ação: -> Abrir nova sala, então é assim -> no menu main1 arrastar o comando "different room" que está em "room" com o desenho duma folha com uma seta para cima.

Nota: Como já se aperceberam, eu vou deixando de dizer onde estão todos os comandos direitinho como no início, pois assim vão se familiarizando melhor com o jogo e aprendendo fazendo que é isso que importa. Assim melhor que decorar é perceber.

Vamos indicar então qual a sala que nós queremos, neste caso é para a sala jogo.

Agora vamos dizer que se clicarmos com a letra "p" ele vai fazer a mesma ação. Como será?

Add Event -> Keyboard -> Letter P
Action a mesma que a anterior, colocar os comandos.

Pressione OK

Com o "quit" vamos fazer diferente, os eventos são os mesmos, a ação é que é diferente. Vamos escolher a opção "end the game" que está no "main2". O que ele faz, acaba o Jogo. Mas vamos ver melhor a diferença, para isso vamos por o jogo a correr.

Como viram ao clicar em "Play" ele começa o jogo, e em "quit" ele fecha o jogo. Poderia ir para a tela "game Over", ou outra que nós quiséssemos como por exemplo uma de créditos, etc.

Agora no controlo vamos acrescentar mais um evento "step", e escolhemos "Step". É um evento que vive se repetindo em todo o instante do jogo.

Para que serve? Ele vai fazer executar todas as opções que nós queremos consecutivamente ao longo do jogo. E o que nós queremos é que ele veja constantemente as vidas do jogador.

Para isso vamos mandar executar a Ação "test Live" Coração a verde com os cantos arredondados que está em scores.

Aparece de seguida outro quadro. Se a quantidade de vidas for - 1, (mantemos o "Equal to") então vamos para o "game Over", Sendo assim acrescentamos o comando para ir para a página (sala) Game Over (main1 -> Diferente room -> e indicamos a página Game Over.

Os comandos step, funcionam por ordem que nós colocamos. Logo se a função de cima for verdadeira ele executa a operação imediatamente a baixo.

Falta a ação de quando a bola se perder e ainda não chegar a zero, criar a bola novamente.

Então ainda no step vamos buscar a informação com o comando "test Instance Cont" que se encontra em "Score" (a bola verde com Números por baixo) e vamos dizer que ele tem que contar o número de objetos no jogo, este caso tem que contar o número de bolas.

Selecionamos a bola, damos o valor de 0 e igual, ou seja quando não houver bola no jogo ele vai criar uma.

De seguida temos que lhe dar as referidas instruções, então temos que indicar novamente o "creat moving" que está no "main_1" com as mesmas configurações (320, 384, 5 e 45).

Vamos experimentar para ver se tudo está a funcionar bem do que já fizemos.

Recapitulando. Quando colocamos os comandos com os cantos achatados dizemos qual a instrução a ser controlada, se ocorrer essa instrução ele vai executar a ação imediatamente a baixo.

Ainda falta dar uma instrução do step, porque se a quantidade de pedras for igual a 0 o que vamos fazer. Vamos concluir com winner ou então criamos um novo nível.

Para isso vamos fazer a mesma coisa que fizemos com a bola, só que desta vez vamos mandar para a sala "You_Win".

Conseguiram? Claro que sim.

Falta agora o "Game_Over", vamos concluir a sala.
Vamos criar um novo objeto, Onde vamos desenhar um texto.
Não se esqueçam que para desenhar vem sempre o "Draw" em Eventos.
Vamos à Guia Draw e escolhemos "Draw Text" que é o quadrado com o A, e escrevemos "GameOver" e a posição 288 x 244.
Vamos inserir o Objeto numa posição qualquer.

Agora vamos a mais um Objeto, "Obj_You_Win" para inserir no Fecho do Jogo, na sala "You_Win".
E vamos colocar ainda nesse objeto a pontuação que o jogador fez.
Não vou explicar porque já fizemos em cima.

Vamos dar "Run the Game" para ver se está tudo funcionando como previsto.

Agora só falta colocar os "quit" nos menus que faltam e já está concluído o jogo.

Nesta faze, ainda não vou ensinar a colocar e gravar os "Scores" dos jogadores, pois isso só é possível na versão paga, inclusive na "stander", já é possível criar mais salas (níveis), pontuações e mais, sendo as únicas limitações, praticamente o fazer jogos para mais Sistemas operativos nomeadamente para telemóveis, Iphones, etc.

Podem ainda criar uma Opção para jogar em tela cheia, é muito fácil:

- No "Obj:controlo" adicionar o evento "Keyboard for Enter"
- Na ação na Guia "Draw" e arrasta "Change full Screen" opção "Fullscreen"

- Se quiser colocar a opção para voltar ao ecrã normal pode escolher, voltando a repetir os comandos com outras teclas e a opção desejada.

Deixo para pensar, como colocar a palheta a não sair fora da parede. É muito fácil e assim vão ter que pensar um pouco revendo alguma matéria.

Só falta mesmo ensinar agora como distribuir o jogo.

Depois de concluir seu jogo importa dar ou vender por outros jogadores. Como se faz isso.

Lição 5: Distribuir o Jogo

Só falta mesmo ensinar agora como distribuir o jogo.

Depois de concluir seu jogo importa dar ou vender por outros jogadores. Como se faz isso.

Vamos a File e clicamos em: "Creat Aplication" ou no ícone "Creat Executable For Target" com um desenho duma folha em branco deitado, uma seta verde para baixo e um traço cinza, damos o nome ao nosso jogo e temos três tipos de forma de gravar.

- Windows NSIS instaler -> Quando há necessidade de instalar o jogo noutro computador, utiliza-se para jogos grandes onde vai ocupar memoria a trabalhar, etc..
- Single runtime executable -> Gravar um ficheiro executável único utilizado para jogos pequenos.
- Compresses Aplications.zip -> O jogo comprimido. Se for demasiadamente grande, para enviar pela net por exemplo, não dá, então para isso podemos comprimir o jogo.

Qualquer dessas formas, não dão para alterar o jogo depois. O jogo fica gravado e todas as programações, imagens, etc., ficam colocadas no ficheiro e não há como ter acesso.

Espero que tenham gostado do livro, desta primeira edição, estão previstos sair mais 4 muito brevemente.

Se gostarem, podem depois ir adquirindo as versões mais desenvolvidas do GMS e continuarem a desenvolver os vossos jogos.
Ressalvar que o GMS é um programa de criação de Jogos em 2D.

Estrutura de Jogo

Vamos definir a estrutura de jogo

Para isso temos que saber que tipo de jogo queremos, neste caso vamos fazer um jogo do tipo "Blakaut", muito simples.

História do Jogo:

Uma bola que vai sendo destruindo umas pedras de cor, dando uma pontuação, e essa bola vai ser comandada por uma palheta, se a bola cair fora, perdeu uma vida.

Quando os tijolos acabarem, acabou também o jogo.

Objetos:

Objetos Necessários	Tamanho
1 Palheta	
1 Tipo de pedra vermelha	
1 Parede	
1 Bola	

Qual o tamanho do meu jogo, neste caso vai ser do tamanho standard do próprio GMS

Salas de jogo:

Salas	Tipo	Tamanho
Inicio (menu)		
Jogo		
Se Perder		
Fim de Jogo		

Sons/Música:

Ação	Som	Musica	Duração

Neste caso é muito simples de fazer, quanto mais complicado for o jogo, mas difícil se torna a sua estrutura.

Se tivermos o jogo bem estruturado, não necessitamos de parar para desenhar mais um objeto, mais um não sei quê, porque temos tudo isso à mão.

Pode criar sua própria folha de preparação.

Num próximo livro, já vou apresentar uma folha de Apresentação mais elaborado, pois o jogo irá necessitar de mais pormenores. Este aqui é muito simples.

Notas

Aqui podem e devem colocar as vossas notas que achem necessário para a melhoria do vosso jogo.

Referencias

Tutorial do Game Maker

Next Level - https://www.youtube.com/user/CanalNexteLevel

Game Maker Brasil: http://gmbr.forumeiros.com/forum

Airton Fraga Porto – fragasoft.com

YoYo Games: http://www.yoyogames.com/studio/buy

Glossário

Ações: - No menuzinho do lado direito, vamos clicar em main1. Em baixo vai aparecer outro menu com *rooms*, e serve para indicar como me vou movimentar entre as telas do jogo. Vamos escolher o primeiro da linha de baixo (depois podem escolher os outros para verem a diferença, por agora vamos no centrar neste). Vai aparecer um quadro, onde indico que quero ir para a tela do Menu. (ver eventos, pois está interligado).

Creat a executable for tarrget: – Cria um ficheiro executável para poder jogar sem carregar o GM. Aparece diversas formas de execução, conforme seja gratuito ou com módulos instalados. Aparece a opção que se pretende, desde um ficheiro único, a ficheiros de instalação, quer para colocar na internet.

Creat: - Criar, pode ser objetos, sprites, sons, etc..

Eventos: – São determinadas coisas que ocorrem quando se executa algo dentro do jogo, logo vamos adicionar um evento. Que é "Left Mouse", ou seja, se eu clicar no botão do lado esquerdo do rato ele vai ter determinada Ação. Por exemplo "hoje vai chover" e a ação foi a chuva a cair e/ou o herói escorregou no piso molhado.

Instâncias: - São objetos que têm ação no jogo, bem como as que estão paradas. As instâncias são por isso todos os objetos que têm visibilidade e interferência no jogo, não fazem parte os sprites, pois são imagens úteis para a criação dos objetos.

Interface do Jogo:

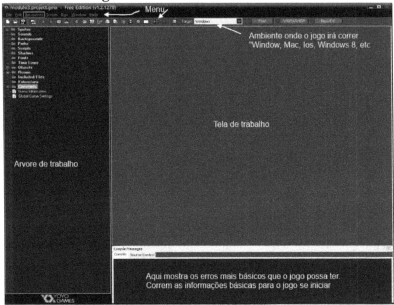

Make: - Criar algo

Objeto: - É tudo aquilo que vamos usar no nosso jogo e que pode interferir com pontuações, direções, sei lá, como por exemplo bolas, tacos, pessoas, muros para derrubar, etc.

Run The Game – Comando para executar o jogo, para verificar o projeto, como se fosse a versão final.

Run Game in Debug Mode – Comando para executar o jogo, mas com uma janela auxiliar, que nos dá informações úteis da forma como o jogo está a decorrer, mostra-nos o número de instâncias, velocidade, etc.

Room – Sala visível onde vai correr o nosso jogo, e onde é montado o nosso senário. Se imaginarmos um teatro, podemos dizer que a "room" é o nosso palco, onde colocamos os adereços "objetos decorativos" e os nossos atores "objetos de Acão".

Sala Teste – Devemos criar sempre uma sala teste, para sempre que adicionarmos uma ação, nós possamos testar antes de a introduzir na sala de jogo, pois em jogos mais complexos, nós podemos ter muitos objetos colocados e para testar o último, isto é uma ação no último momento de jogo, por exemplo, vamos ter que passar o nível praticamente todo para o testar. Se der erro, temos que voltar do início para testar novamente. Tendo uma sala de teste, já testamos a dita Acão com os objetos necessários e trona-se muito mais rápido, depois é só colocar no respetivo lugar e a ação está em pleno funcionamento.

Sprite – desenho que é necessário carregar para criar os objetos que aparecerão na nossa sala de jogo.

Sprite animado - É um conjunto de desenhos, que juntos, faz com que um objeto apareça como se tivesse vida, isto é, apareça se movimentando como abrir e fechar a boca, correr, etc.

Tiles – Azulejo, tijoleira, objetos que servem para embelezar as nossas casas, jardins e servem para embelezar o nosso jogo, tornando mais leve os objetos de decoração e mais atrativo para jogar, sem interferir no mesmo. Não passam de pequenos "backgrounds" que se aplicam nos diversos locais.

www.ingramcontent.com/pod-product-compliance
Lightning Source LLC
Chambersburg PA
CBHW061040050326

40689CB00012B/2907